目 錄

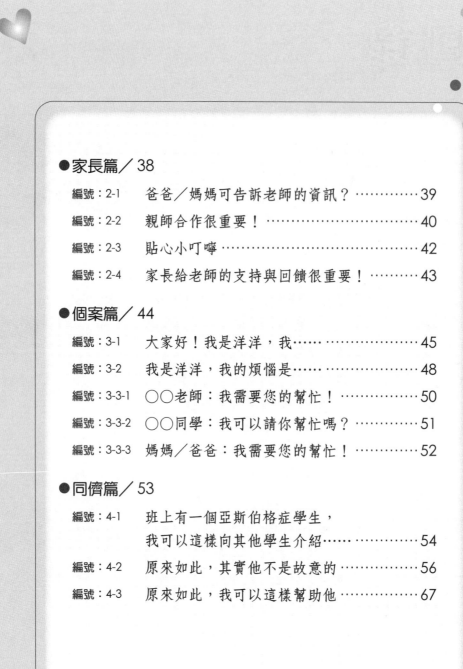

編輯緣由

　　從事特殊教育工作多年，身邊的孩子來來去去，每個孩子與家庭的背後，都潛藏著一段不為人知的故事，有些內容是甜美的，有些則是酸楚的，更有不少故事正持續的發展著……。回憶過往，筆者接觸過許多特殊需求的孩子，這些孩子除了要與自己先天的障礙共存外，還要辛苦的面對那些不理解的人，跌跌撞撞的去適應這看似單純，但其實複雜、難以捉摸的世界。人們常因為不了解而心生畏懼、冷漠、懷疑，甚至排擠……，特殊教育常會為了孩子做許多調適，但社會卻甚少為特殊孩子做改變！

　　筆者（廖俐琦）有一次為了評估一個疑似亞斯伯格症的孩子，需多方蒐集資料，故邀約家長訪談。當天，筆者看到一個神情憔悴的母親走進教室，母親開頭就說：「抱歉！抱歉！上次老師您打電話來，爸爸的口氣對您不禮貌，請老師多多包涵。」在長達兩個多小時的訪談中，筆者才漸漸明白，個案父親那晚在電話中表現出激動口吻的原因。母親表示孩子在上幼兒園時，就因為坐不住、分心、固執等問題到兒童心智科就醫，兒童心智科醫師診斷孩子疑似為非典型高功能自閉症，但因父親堅持孩子很聰明、只是散漫而已，並未有後續處遇。直到孩子進入小學後脫序行為不時發生，級任老師常常向母親投訴，幾次下來，母親只好在班親會時含蓄的告訴級任老師孩子疑似患有亞斯伯格症，並提供一些相關的衛教資訊給老師參考，此後老師投訴的次數才變得較少。

　　當孩子升上高年級時因為換了新班級，也換了一個級任老師，孩子因為到了新的環境，不適應的行為又開始一一浮現，只是這次母親似乎沒這麼幸運，遇到一個對特殊需求孩子較沒有整體概念的老師。每當孩子出現行為問題時，這位老師便狂 Call 家長到校處理，甚至在學生面前直指這孩子有病，導致孩子開始出現拒學的行為。在萬般無奈的情形下，家長最後選擇轉學。轉學後，因為家長事先找學校老師溝通，也在該學校行政體系、普通班教師及特教老師一致的協助下，這孩子很快的適應了新環境，一些行為問題雖仍舊不時發生，但新環境裡的人事物卻多了一些認同與包容！

　　因著這些在教學現場中要不斷面對的個案，讓我們心疼這些孩子與他們家庭的辛苦。人們常因不明白而導致誤解，也常因畏懼而不敢面對；在我們身邊有多少這樣的故事正在發生，有多少像這樣的孩子遭受誤解，更有多少的父母、師長不知所措。從事特殊教育工作多年，除了平日教學之外，透過這樣的事件，我們似乎意識到自己應該還可以再做些什麼……。最後，我們希望可以用這樣的方式向大家介紹這些永遠保有「忠誠與真摯」特質的孩子，讓我們能以更有智慧的方式與其相處，也期待每一位特殊需求的孩子，都能受到適性教育的對待，得到尊嚴自主的人生，做最好的自己！

本學習手冊使用說明

　　學校老師可先以《奇怪？奇怪？不奇怪》的繪本為引導，此繪本以亞斯伯格症的孩子在學校生活中曾經遭遇的困難為開端，可逐步引導大家初步認識「亞斯伯格症」。老師可再加上與亞斯伯格症相關的 PPT、影片或書籍為輔助，正式向大家說明什麼是「亞斯伯格症」，其目的在於增進大家對亞斯伯格症的認識與了解。

　　本學習手冊依不同對象的使用需求設計引導單，其對象可分為：教師篇（含普通班導師、任課老師及輔導／特教老師）、家長篇、個案篇及同儕篇等四大部分。不同引導單使用的目的及預期達到的目標如下所述。

引導單的使用對象／目標

1. 教師：導師可利用相關表單初步蒐集學生資料；任課老師可做教室觀察，協助找到問題點，提供資料；特教／輔導老師得以綜整所有資料進行分析評估，進而提供有效策略，協助所有老師；內容以「宣導認識亞斯伯格症患者」、「如何尋求支援」、「提供策略」、「後續追蹤輔導」為目標。

2. 家長：家長在此也占有相當重要的位置。學校老師透過家長提供的資訊，可認識孩子的特殊需求，為其提供適合的輔導方案；引導單也提供家長可於何處尋求支援、回饋的指引。

3. 個案：設計本篇的目的是希望孩子能更加認識自己、能以文字或口述方式進行自我介紹，間接說明自己的特質，得到認同與包容；亞斯伯格症孩子遭遇問題時，常不知如何求救，或使用方式不恰當，希望個案能以較合宜的方式，例如：以口說、生活小記或便條紙形式，練習向師長及同學求助。

4. 同儕：透過宣導方式認識班上的亞斯伯格症同學；以模擬狀況劇方式，讓同儕練習換個角度看待班上的亞斯伯格症同學，進而知道怎麼與其相處。

　　希望透過本學習手冊，能讓大家更加認識亞斯伯格症的學生，進而能同理與包容他們；且能採取合宜的方式與之相處，提供協助其人際互動及適應問題。

　　若班級安置亞斯伯格症學生時，可依下列流程實施：

生命教育／特教宣導 ▶ 繪本及引導單應用 ▶ 追蹤

學習手冊架構表

奇怪？奇怪？不奇怪：學習手冊	
編輯緣由	雖然「亞斯伯格症」一詞已逐漸被大家熟悉，但要如何與亞斯伯格症孩子和諧相處，或老師該如何對待與陪伴，仍是處在似是而非的含糊階段，期望透過本學習手冊的說明，能澄清大眾對亞斯伯格症患者的疑慮。
使用說明	以繪本故事介紹亞斯伯格症學生的特殊氣質，並呈現亞斯伯格症者在生活上遭遇的困難。希望透過引導單讓大家認識與同理亞斯伯格症患者，並能採取合宜的方式與之相處，協助提升亞斯伯格症患者的社會適應能力。 引導單使用對象／目標涵蓋： 1. 教師：以簡單表單初步蒐集學生資料；彙整資料；宣導認識亞斯伯格症患者；如何尋求支援；與孩子相處之道；後續追蹤。 2. 家長：可由家長處得知哪些資訊；家長可於何處尋求支援；回饋。 3. 個案：能以文字或口述方式進行自我介紹；能以生活小記或便條紙形式，練習向師長及同學求助。 4. 同儕：認識班上的亞斯伯格症同學；學習如何與其相處。
繪本內容概述	一個亞斯伯格症孩子因為自身的獨特性，例如：不懂得覺察他人的心情、思考及行動不知通融、無法理解諷刺與弦外之音等，在學校遭受種種誤解，產生人際互動的困難，因而出現逃避行為。後來，在父母、師長的引導下，讓孩子認識自己的獨特性……。

使用對象	教師			家長	個案			同儕
	導師	任課老師	輔導／特教					
內容	蒐集資料（1-1-1）	觀察學生（1-2-1）	蒐集資料（1-3-1）	提供資料（2-1）	自我覺察（3-1）			認識特質（4-1）
	認識特質（1-1-2）	尋求協助（1-2-2）	彙整資料（1-3-2）	親師合作（2-2）	釐清困難處（3-2）			同理（4-2）
	尋求協助（1-1-3）		我的錦囊妙計（1-3-3）	貼心小叮嚀（2-3）	尋求協助			支持與協助（4-3）
					老師（3-3-1）	同學（3-3-2）	家長（3-3-3）	
	宣導（1-1-4）		支持與協助（1-3-4）	回饋支持（2-4）				
			追蹤輔導（1-3-5）					

引導單

註：表格內的編號即為引導單之編號。

教師篇

我的學生裡也有像洋洋一樣的孩子

我可以怎麼幫助他……

知己知彼

　　當老師得知班上有亞斯伯格症學生時，為了能迅速有效的掌握孩子的特殊氣質及對待方式，建議老師可以透過孩子的輔導紀錄、家庭問卷或詢問曾照顧過孩子的相關人員等，蒐集相關資料，研擬出合宜的方式輔導孩子。

一、關於基本資料的建置方式

　　老師可在新學期初以書面方式調查學生的基本資料。基本資料建置的目的，是方便日後的親師聯繫，內容建議如下：

○○○的基本資料

1. 家中成員有：＿＿＿＿＿＿＿＿＿＿＿＿＿＿＿＿＿＿＿＿＿＿

2. 平日的主要照顧者：＿＿＿＿＿＿＿＿＿＿＿＿＿＿＿＿＿

3. 父母的聯繫方式：父／＿＿＿＿＿＿＿＿；母／＿＿＿＿＿＿＿＿

4. 緊急事件聯絡人：＿＿＿＿＿＿＿＿＿＿＿＿＿＿＿＿＿

5. 可聯繫電話：＿＿＿＿＿＿＿＿＿＿＿＿＿＿＿＿＿＿

6. 適合聯繫時間：＿＿＿＿＿＿＿＿＿＿＿＿＿＿＿＿

二、了解學生在人際互動上的情況

　　亞斯伯格症學生容易出現人際互動上的困難，因此了解孩子在家庭、社區及學校與人互動的情形相當重要，蒐集資料的重點以孩子與人互動時的品質為主要方向。

○○○的互動網

1. 孩子與家人的關係：□親密　□和諧　□普通　□冷漠　□其他＿＿＿＿＿

2. 孩子平常最聽誰的話？□父親　□母親　□其他＿＿＿＿＿＿＿＿＿＿
　　為什麼？＿＿＿＿＿＿＿＿＿＿＿＿＿＿＿＿＿＿＿＿＿

3. 孩子放學後最常從事的活動是：＿＿＿＿＿＿＿＿＿＿＿＿＿＿
　　有玩伴嗎？＿＿＿＿＿＿　玩伴是：＿＿＿＿＿＿＿＿＿＿＿

4. 孩子是否會主動參與團體活動？＿＿＿＿＿＿　參與的方式：＿＿＿＿＿＿

5. 孩子能遵守團體規則嗎？＿＿＿＿＿＿　他的方式：＿＿＿＿＿＿

三、如何與他溝通？

老師透過事先調查，掌握孩子習慣的溝通方式，可讓孩子在生活適應上遭遇到問題時，能有效的處理，避免誤解發生。

○○○的溝通之道

1. 當孩子心裡有要求時，會如何表達？ _____

2. 孩子能聽得懂並遵守大人的指示嗎？ _____ 溝通方式或指令為： _____

3. 當事情發展不如孩子的期待時，他的反應會是： _____
   讓孩子情緒穩定的方法是： _____

4. 孩子回家後會主動告知學校發生的事嗎？
   會，內容是： _____
   不會，原因： _____

5. 孩子會因為哪一類型的事情感受到壓力？ _____

6. 當孩子遇到壓力大時的反應是（請補充說明：通常你會如何解決？）： _____
   _____

7. 當孩子情緒不佳時，您的處理方式是： _____

四、固執性的行為

部分亞斯伯格症學生會伴隨固執性的行為，有時這些行為會成為孩子的優勢，但行為強度過大時，也可能造成生活適應上的困難，或其他學科的學習干擾。因此，了解孩子有哪些固執行為，對於環境的適應調整相當重要。

○○○的獨特喜好

1. 孩子最擅長或喜歡的科目／事物是： _____
   原因？ _____

2. 孩子對喜歡的科目／事物會如何表現？ _____
   _____

3. 如果孩子因喜歡的事物影響生活作息時，可以如何提醒？ _____
   _____

4. 孩子最害怕的科目／事物是： _____
   原因？ _____

5. 孩子在做事或說話時是否不知變通？請舉一、兩件事例說明： _____
   _____

五、其他的支援

除此之外，老師也可善用「給家長的一封信」蒐集學生的其他資料。

給家長的一封信

親愛的家長，您好：

我是＿＿＿＿＿＿＿老師，很高興有緣能與您的孩子相聚一堂。

新的學期開始，歡迎您的寶貝加入我們這個大家庭，也很高興您能在新的學期與我共同陪伴孩子一起成長，我將竭盡所能帶領孩子學習。

為了能協助孩子儘快適應學校的團體生活，請您撥冗協助完成以下的問卷（可複選）：

1. 孩子與家人關係：□親密　□和諧　□普通　□冷漠　□其他＿＿＿＿＿＿＿＿＿＿

2. 孩子平常最聽誰的話？□父親　□母親　□其他＿＿＿＿＿＿＿＿＿＿＿＿＿＿＿

3. 孩子最喜歡的人是：＿＿＿＿＿＿＿＿＿　為什麼？＿＿＿＿＿＿＿＿＿＿＿＿

4. 什麼時候開始您覺得這個孩子與別人不一樣：

　　當孩子＿＿＿＿歲／（＿＿＿＿年級）時，誰最先發現的？＿＿＿＿＿＿＿＿＿

5. 孩子的行為優點為何？

　　□幫忙家事　□友愛弟妹　□生活規律　□遵守規定　□樂於助人

　　□認真負責　□個性敦厚　□人緣佳　　□樂觀開朗　□乖巧可愛

　　□能做理性溝通　　　　□其他＿＿＿＿＿＿＿＿＿＿＿＿＿＿＿＿＿＿＿

6. 孩子在家的生活作息情形如何？□很規律　□不規律；為什麼？＿＿＿＿＿＿＿

7. 您會特別關心孩子的：□交友　□功課　□健康　□言行舉止　□其他＿＿＿＿

8. 孩子回家後會主動告知學校發生的事嗎？

　　□會；內容是：＿＿＿＿＿＿＿＿＿＿＿＿＿＿＿＿＿＿＿＿＿＿＿＿＿＿＿

　　□不會；原因：＿＿＿＿＿＿＿＿＿＿＿＿＿＿＿＿＿＿＿＿＿＿＿＿＿＿＿

9. 就您的觀察，孩子的特質及個性：

　　＿＿＿＿＿＿＿＿＿＿＿＿＿＿＿＿＿＿＿＿＿＿＿＿＿＿＿＿＿＿＿＿＿＿＿

　　＿＿＿＿＿＿＿＿＿＿＿＿＿＿＿＿＿＿＿＿＿＿＿＿＿＿＿＿＿＿＿＿＿＿＿

10. 就您的觀察，孩子的優勢及待加強能力是什麼？

優勢：＿＿＿＿＿＿＿＿＿＿＿＿＿＿＿＿＿＿＿＿＿＿＿＿＿＿＿

＿＿＿＿＿＿＿＿＿＿＿＿＿＿＿＿＿＿＿＿＿＿＿＿＿＿＿

待加強：＿＿＿＿＿＿＿＿＿＿＿＿＿＿＿＿＿＿＿＿＿＿＿＿＿

＿＿＿＿＿＿＿＿＿＿＿＿＿＿＿＿＿＿＿＿＿＿＿＿＿＿

11. 就您的觀察，孩子的興趣（最喜歡從事的活動）是：＿＿＿＿＿＿＿＿＿

12. 孩子的特殊專長是：＿＿＿＿＿＿＿＿＿＿＿＿＿＿＿＿＿＿＿＿＿

13. 孩子最害怕的科目／事物是：＿＿＿＿＿＿＿＿＿＿＿＿＿＿＿＿＿

14. 孩子最擅長或喜歡的科目／事物是：＿＿＿＿＿＿＿＿＿＿＿＿＿＿

15. 孩子在壓力較大情況下的反應是：＿＿＿＿＿＿＿＿＿＿＿＿＿＿＿

16. 當孩子表現讓您失望時，您會採取什麼方式處理？
　　□直接責備　□委婉勸告　□由他人勸告　□其他＿＿＿＿＿＿＿＿

17. 孩子在何種情境下會有較良好的學習表現？＿＿＿＿＿＿＿＿＿＿＿＿

18. 當孩子表現不錯時，孩子喜歡的獎勵是什麼？＿＿＿＿＿＿＿＿＿＿＿

19. 您目前最滿意孩子哪方面的表現？□做家事　□功課　□特殊才藝＿＿＿＿＿＿
　　□自動自發　□待人處事　□其他＿＿＿＿＿＿＿＿＿＿＿＿＿

20. 孩子目前在哪方面的表現較使您感到困難、擔心？□功課　□愛看電視
　　□個性倔強　□愛看漫畫　□被動　□其他＿＿＿＿＿＿＿＿＿＿

21. 在未來的學校團體中，您擔心孩子可能遭遇的困難與需要，給老師的提醒或建議是？

＿＿＿＿＿＿＿＿＿＿＿＿＿＿＿＿＿＿＿＿＿＿＿＿＿＿＿

家長簽名：＿＿＿＿＿＿＿＿＿＿

＿＿＿＿年＿＿＿月＿＿＿日

編號：1-1-2

班上有一個亞斯伯格症孩子，
什麼是亞斯伯格症？是自閉症嗎？

班上的亞斯伯格症學生有哪些行為特徵？符合的請打勾。

	項目	符合	行為特徵	備註
一	社會與互動的關係		有部分亞斯伯格症孩子很努力試著社會化，但他們的社交技巧顯得相當拙劣。	
			亞斯伯格症孩子在某些情境下，對於一般人能解讀的社會性線索有極大的困難。	
二	與他人的溝通能力方面		他們的語言技巧沒有明顯困難，但是在人際溝通上較容易出現問題。	
			當他們面臨壓力時，溝通的品質會明顯退化。	
			大多數時候，孩子的談話內容可能集中在他們喜愛的主題，而且千篇一律的一再談論相同的話題，旁人不易中斷。	
			他們不容易了解／誤解與人對話中的笑話、成語和暗喻。	
			有時他們所說出的語言，常常表現出相當正經或吹毛求疵的現象。	
三	想像力及彈性思考的缺乏		記憶力很強，但想像力很差。	
			彈性思考的缺乏及有限的遊戲技巧。	
			其他彈性思考的缺乏，包括厭惡變化、單一性的喜好，以及例行公事與儀式行為的發展。	
			不易發展出同理心、調整自己去適應他人，或是從另類的觀點來看事情。	
四	其他的困難		對感官刺激（例如：聲音與氣味）有不平常反應。	
			在動作技能方面呈現困難。	
五	易併發症狀		在社會適應上會比較有困難外，也容易合併焦慮、強迫症或憂鬱症的症狀。	

SOS！SOS！
我（導師）可以找誰幫忙？

當發現班上有亞斯伯格症的孩子時，您可以怎麼做？如何尋求支援與協助？

老師，當您的班級出現亞斯伯格症孩子時，我們可以從以下的對象中，例如：家長、學校行政單位、輔導老師及特教老師，獲得相關支持與協助。下頁的檢核表提供老師們檢視，自己可以得到哪些支持與服務內容。

導師尋求支援檢核表

編號	對象	我想了解的是……	備註
1	家長	☐ 孩子的基本資料 ☐ 是否曾經有就醫 ☐ 有無服用藥物？藥名：＿＿＿＿＿ ☐ 孩子的優勢能力：＿＿＿＿＿＿ ☐ 孩子的待加強能力可能是：＿＿＿＿ ☐ 孩子曾經發生的困難／問題：＿＿＿＿ ＿＿＿＿＿＿＿＿＿＿＿＿＿＿＿＿ ☐ 當出現困難時，家長因應的有效方法是：＿＿＿＿ ＿＿＿＿＿＿＿＿＿＿＿＿＿＿＿＿ ☐ 其他＿＿＿＿＿＿＿＿＿＿＿＿	
2	學校行政單位	☐ 提供轉介 ☐ 特教學生相關措施的申請（例如：無障礙評量、夥伴學生……） ☐ 突發事件處理流程 ☐ 有關教育、福利、醫療等機構或措施之相關資訊	
3	輔導老師	☐ 特教學生資料之蒐集 ☐ 個別認輔 ☐ 心理支持輔導，例如：小團體課程 ☐ 協助班級輔導，例如：特教宣導 ☐ 提供特殊需求學生家庭有關教育、福利、醫療等機構或措施之相關資訊 ☐ 生涯輔導建議	
4	特教老師	☐ 協助鑑定安置 ☐ 提供諮詢服務 ☐ 必要時協助學習輔導或無障礙評量 ☐ 提供行為輔導策略 ☐ 提供各大學特殊教育中心諮詢專線及其他相關機構之服務電話 ☐ 親職教育	

註：老師可依 1-1-1 及 1-1-2 的資料尋求相關單位協助。

當班上有亞斯伯格症的孩子，我可以這樣介紹……

當班上有一、兩個特殊學生時，為了讓班級運作流暢，班級經營對導師是一項艱難的任務，導師除了得先認識該生的特教類別外，其次得掌握特教學生的特質與需求，提供適性的輔導，幫助孩子融入團體生活。導師除了得事前做足功課外，也得對原班任課老師及同儕家長進行簡單的宣導，藉此營造友善的學習環境，增進全班學生的學習成效。故建議若您的班上有一個亞斯伯格症的孩子，為了讓孩子有良好的適應，我們事前可針對以下對象進行簡單介紹……。

一、任課老師

老師是影響孩子生命中重要的貴人，事前與任課老師溝通，可避免師生間發生無謂的誤解或衝突，建議老師可在學期初以書面或會議方式，與任課老師說明孩子的情況。

給任課老師的一封信

○○老師，您好：

我是＿＿＿＿班的導師，非常高興這學期由您教授本班的＿＿＿＿科目，相信在您的教導之下，孩子們一定能學到許多實用及豐富的知識。

開學至今，不知您是否已留意到我們班上的○○同學，他／她是一名與眾不同的孩子，據我與家長聯繫了解後，得知○○同學患有亞斯伯格症。○○同學在學校課業及團體活動上急需要我們的包容與協助。亞斯伯格症患者在社交互動上容易出現困難，我、輔導／特教老師與○○家長溝通後，了解○○在以下部分需要協助：

1. ＿＿＿＿＿＿＿＿＿＿＿＿＿＿＿＿＿＿＿＿＿＿＿＿＿＿＿＿＿＿＿＿＿＿

2. ＿＿＿＿＿＿＿＿＿＿＿＿＿＿＿＿＿＿＿＿＿＿＿＿＿＿＿＿＿＿＿＿＿＿

3. ＿＿＿＿＿＿＿＿＿＿＿＿＿＿＿＿＿＿＿＿＿＿＿＿＿＿＿＿＿＿＿＿＿＿

希望經由以上說明，能幫助您更加認識○○，懇請老師您能在課堂中適時給予其支持及協助，讓我們一起陪伴他／她度過學校的生活。感恩您。

　　祝　教安

　　　　　　　　　　　　　　　　　　　　　　　　＿＿＿＿＿＿＿＿　敬上

　　　　　　　　　　　　　　　　　　　　＿＿＿年＿＿月＿＿日

二、同儕家長

　　針對同儕家長的宣導也得重視，因為普通班家長對特殊學生的認識與支持，將有助於同儕對特殊學生的包容與接納。

　　因此，學校平日可在校刊上加入特教新知，或於親職教育日時，安排特教主題的演講，並可依特殊教育學生的需求在親師座談會時由導師進行班級宣導，甚至可配合學校推動閱讀計畫，以親子共讀方式，推薦每週／月一書，鼓勵家長與孩子共同閱讀，內容可以加入特殊教育的議題。另外，亦可徵詢亞斯伯格症孩子家長的同意，若必要時，導師也可以透過班級聯絡簿方式，與家長簡要說明亞斯伯格症孩子的特質，並提供與其相處之道，讓其他家長們能在家引導自己的孩子學習接納與包容。

　　以上這些做法將有助於亞斯伯格症孩子能良好適應學校生活，也可以讓班上孩子學習「尊重與包容」的美德。

適合親子共讀的讀本

1. 《十人十色的小青蛙：理解需要特別對待的孩子們》
   作者：落合綠，宮本信也。繪者：藤原廣子。譯者：游珮芸。出版社：飛寶。
2. 《弟弟的世界》
   作者：劉清彥。繪者：陳盈帆。出版社：巴巴文化。
3. 《自己的顏色》
   作者：雷歐・里歐尼文。譯者：林美真。出版社：遠流。
4. 《家規》
   作者：茱迪・皮考特。譯者：郭寶蓮。出版社：台灣商務。
5. 《請聽我說：傾聽自閉少年的內心之歌》
   作者：東田直樹。譯者：郭玉梅。出版社：八方。

給○○班家長的一封信

○○班的家長，您好：

　　我是＿＿＿＿老師，非常高興有緣與您結識，並擔任孩子的班級導師，未來的日子裡，我將會盡心盡力營造良好學習環境，陪伴孩子快樂學習與成長。感謝您的支持與參與。

　　開學至今，不知孩子是否曾向您提到班上某位同學，他是一名與眾不同的孩子，據我深入了解後，得知這個孩子有明顯的亞斯伯格特質；真誠堅持是他的優點，但也是這孩子在學校課業及團體活動上容易遭遇挫折的困難之處，因此需要我們的包容與協助。

　　亞斯伯格症患者在社交互動上容易出現困難（建議導師可提供亞斯伯格症特質的資料供家長參考）。當我、輔導／特教老師與其家長溝通後，了解這位同學在以下部分需要協助：

　　1. ＿＿＿＿＿＿＿＿＿＿＿＿＿＿＿＿＿＿＿＿＿＿＿＿＿＿

　　2. ＿＿＿＿＿＿＿＿＿＿＿＿＿＿＿＿＿＿＿＿＿＿＿＿＿＿

　　3. ＿＿＿＿＿＿＿＿＿＿＿＿＿＿＿＿＿＿＿＿＿＿＿＿＿＿

　　希望經由以上說明，能讓大家更加認識他，懇請您與孩子能一起包容，適時給予支持與協助，讓我們一起陪伴他安然的度過學校的生活。感恩您。

＿＿＿＿＿＿＿＿敬上

＿＿＿年＿＿月＿＿日

在任課的班級發覺亞斯伯格症學生 常常……，我該怎麼做？

　　當老師察覺授課的班級中有亞斯伯格症學生時，建議老師可依孩子的適應困難狀況進行觀察，將當時的情況記錄下來，有助於輔導／特教老師提供策略適時給予協助。記錄時盡量具體陳述，並將當時處理的方式及效果記錄下來，如此方能清楚評估給予有效的策略協助導師及學生。

班級：＿＿年＿＿班　　學生姓名：＿＿＿＿＿＿＿　　　　記錄者：＿＿＿＿＿＿＿

日期	時間	地點	事件摘要	處理方式／結果
1/2	第四節	音樂教室	上課鐘響，所有的同學都已經坐在位子上準備上課，只有小智遲遲未進教室，老師請同學去找小智，過了五分鐘後，才發現小智在操場遊蕩，直到同學提醒才進音樂教室。	➤ 老師的處理方式： 　請同學去找小智。 ➤ 結果： 　小智因為同學提醒後， 　才回到教室。
○／○	第○節			➤ 老師的處理方式： 　＿＿＿＿＿＿＿＿ ➤ 結果： 　＿＿＿＿＿＿＿＿ 　＿＿＿＿＿＿＿＿

SOS！SOS！
我（任課老師）可以找誰幫忙？

當我發現班上有亞斯伯格症的孩子時，我可以怎麼做？該如何尋求支援與協助？

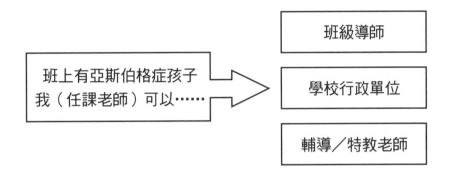

當任課老師在課堂中發現有亞斯伯格症孩子時，可以向原班導師、學校行政單位及輔導／特教老師，尋求相關支持與協助。下列的檢核表提供任課老師檢視，在發覺身邊出現特殊學生時，自己可以得到哪些支持與服務內容。

任課老師可尋求支援的檢核表

編號	對象	我想了解的是……
1	導師	☐ 協助處理問題行為是：＿＿＿＿＿＿＿＿＿ ☐ 與家長聯繫了解孩子近況：＿＿＿＿＿＿＿
2	學校行政單位	☐ 如何協助學生需要轉介時的檢附資料：＿＿＿＿ ☐ 突發事件處理流程：＿＿＿＿＿＿＿＿＿＿
3	輔導／特教老師	☐ 如何協助蒐集學生需要轉介時的檢附資料： ＿＿＿＿＿＿＿＿＿＿＿＿＿＿＿＿＿＿ ☐ 提供諮詢服務：＿＿＿＿＿＿＿＿＿＿＿ ☐ 針對學生特殊需求提供無障礙評量調整建議： ＿＿＿＿＿＿＿＿＿＿＿＿＿＿＿＿＿＿ ☐ 提供行為輔導策略：＿＿＿＿＿＿＿＿＿

聽說班上有位亞斯伯格症孩子，我得先了解……

　　輔導老師／特教老師當接獲普通班老師告知班上有亞斯伯格症特質或症狀的孩子時，建議站在二線的專業老師們可以先蒐集孩子的相關資料，掌握孩子的學習與特殊需求，方能提供有效策略，協助班級老師、家長及孩子。

輔導老師／特教老師給導師的一封信

敬愛的○○老師，您好：

　　為了能清楚掌握學生的特殊需求，輔導／特教老師可提供及時協助與有效策略，以下問題請您依據平日的觀察協助回答：

1. 孩子家中主要的聯繫對象？＿＿＿＿＿＿＿＿　　聯絡電話：＿＿＿＿＿＿＿＿

2. 孩子目前有無就醫？＿＿＿＿＿　服用藥物？□ 有，藥名：＿＿＿＿＿　□無

3. 孩子的優點是：＿＿＿＿＿＿＿＿＿＿＿＿＿＿＿＿＿＿＿＿＿＿＿＿＿＿＿＿

4. 當他表現很好時，您曾使用哪些方法鼓勵？＿＿＿＿＿＿＿＿＿＿＿＿＿＿＿

5. 就您的觀察對孩子最有效的鼓勵是：＿＿＿＿＿＿＿＿＿＿＿＿＿＿＿＿＿＿

6. 請您具體說明如何鼓勵孩子的好表現：＿＿＿＿＿＿＿＿＿＿＿＿＿＿＿＿＿

7. 孩子在班上目前讓您最困擾的行為是：＿＿＿＿＿＿＿＿＿＿＿＿＿＿＿＿＿

8. 請具體說明孩子發生的困擾行為是：＿＿＿＿＿＿＿＿＿＿＿＿＿＿＿＿＿＿

9. 當孩子發生問題行為時，您曾用哪些方法處理？＿＿＿＿＿＿＿＿＿＿＿＿＿

10. 在處理孩子問題行為時，您覺得對孩子最有效的方法是：＿＿＿＿＿＿＿＿

11. 在處理孩子問題行為時，您覺得對孩子最無效的方法是：＿＿＿＿＿＿＿＿

12. 當孩子面對壓力時，他的行為反應是：＿＿＿＿＿＿＿＿＿＿＿＿＿＿＿＿＿

13. 除了以上問題外，您目前迫切需要我們協助的問題是：＿＿＿＿＿＿＿＿＿

　　感謝您撥冗回答，我們將盡快協助您！

　　祝　教安

　　　　　　　　　　　　　　　　　　　　　　　　＿＿＿＿＿＿＿＿敬上

　　　　　　　　　　　　　　　　　　　　　　＿＿＿年＿＿月＿＿日

當我（特教老師／輔導老師）蒐集到這麼多資料時，該如何整理和運用……

當老師蒐集許多資料後，該如何彙整並從雜亂的資料中得到明確的資訊，進而能提供適合的建議與處理，老師可利用以下表格彙整資料。

○○○的祕密檔案

項目	內容	具體說明
一	基本資料	1. 學生姓名： ＿＿＿＿＿＿＿ 性別： ＿＿＿＿＿＿＿ 2. 家長或監護人： ＿＿＿＿＿ 連絡電話： ＿＿＿＿＿＿ 3. 身障證明或鑑輔會證明： ＿＿＿＿＿＿＿＿＿
二	家庭狀況	1. 家中成員： ＿＿＿＿＿＿＿＿＿＿ 2. 父母親婚姻關係： ＿＿＿＿＿＿＿＿ 3. 家中經濟狀況： ＿＿＿＿＿＿＿＿＿ 4. 主要照顧者： ＿＿＿＿＿＿＿＿ 5. 主要照顧者的管教方式： ＿＿＿＿＿＿
三	健康情形	1. 聽力： ＿＿＿＿＿＿＿＿＿＿＿＿ 2. 視力： ＿＿＿＿＿＿＿＿＿＿＿＿ 3. 有無就醫： ＿＿＿＿＿ 目前有無服藥： ＿＿＿＿＿ 　 藥名： ＿＿＿＿＿＿＿ 服藥目的： ＿＿＿＿＿＿ 4. 過敏及特殊情況： ＿＿＿＿＿＿＿＿＿
四	測驗診斷紀錄	曾經做過哪些測驗？ 1. 測驗名稱： ＿＿＿＿＿＿＿ 測驗時間： ＿＿＿＿＿＿ 　 測驗結果摘要： ＿＿＿＿＿＿＿＿＿ 2. 測驗名稱： ＿＿＿＿＿＿＿ 測驗時間： ＿＿＿＿＿＿ 　 測驗結果摘要： ＿＿＿＿＿＿＿＿＿ 3. 測驗名稱： ＿＿＿＿＿＿＿ 測驗時間： ＿＿＿＿＿＿ 　 測驗結果摘要： ＿＿＿＿＿＿＿＿＿

項目	內容	具體說明
五	現況描述	1. 認知與學業能力： (1)認知（注意力？記憶力？理解？⋯⋯） (2)學業（語文／國語、英語、數學、社會／歷史、地理、公民、自然？⋯⋯） 2. 溝通能力：（溝通大多採用的方式？品質？影響？） 3. 情緒管理：（遇到壓力時常出現哪一種行為？） 4. 人際關係：（對人感興趣嗎？方式？程度？） 5. 生活自理：
六	優弱勢能力	1. 優勢： 2. 待加強能力：
七	對上課及生活的影響	1. 班級課堂： 2. 課後生活：
八	行政支援	曾經接受過的支援有哪些？
九	其他	

我的錦囊妙計……

　　許多亞斯伯格症孩子在面對事情時，很多時候不是不為，而是不能，甚至是不知如何反應；他們雖然被診斷為亞斯伯格症，但在每個孩子身上卻展現出各自的獨特性。部分孩子可能有較好的記憶力，或在某些領域上的表現優於同儕；部分孩子的外表看似聰穎，但在面對複雜的社交情境與活動時，他們特別容易因為在社交技巧上出現困難，所以遭受大人或同儕的誤解。因此老師在面對亞斯伯格症孩子時，除了要對「亞斯伯格症」有所認識以外，在心態上應有所調整，保持彈性。

　　亞斯伯格症孩子在覺察與判斷社會情境上，表現常較同儕弱勢，常常容易發生誤解或出現問題，讓教育現場的老師們不知所措，甚至在處理時感到棘手。其實這些孩子所呈現的行為問題背後，多半都是有跡可循，所謂「事出必有因」，建議老師們在初次接觸這些孩子時，若能將每次發生過的事件如實記錄下來，隨時主動與特教／輔導老師共同進行討論，找到誘發這些行為問題的癥結點，由專業人員提供有效的問題解決策略。部分行為問題也可透過事前防範，降低發生率，同時這些孩子待學習的社交技巧，也可以從中找到合宜的策略教導之。

　　老師們可以採用應用行為分析策略的原則，針對每次發生的事件進行分析，再依據特教／輔導老師提供的策略，介入進行輔導。由於每個亞斯伯格症孩子所展現的特質不盡相同，以下針對他們在日常生活中常遭遇到的困境，列出部分因應策略，提供老師參考（未提及的部分可直接向各校輔導／特教老師、專業人士進行討論）。

今天貓頭鷹老師生病請假，數學課臨時調成黑熊老師的體育課，洋洋不知道集合地點，在教室外走來走去、碎碎念，洋洋怎麼了？

前因 A	行為 B	後果 C
貓頭鷹老師請假，數學課臨時調成體育課。	上課了，洋洋在教室外走來走去、碎碎念。	黑熊老師誤會洋洋蹺課。

⊙我的錦囊妙計：事前預告、安排幾個特定同學協助提醒。

亞斯伯格症孩子的特徵：執著。

有些孩子會堅持走一樣的路線、用同一種方式完成工作，若中間出現干擾或變動時，他們容易顯得特別焦慮，甚至會有情緒問題，故建議：

1. 教室物品擺放的位置盡量固定、要標示清楚及減少變動。
2. 可利用文字或圖畫方式製作具體明確的行程表。
3. 若有變動時，一定要事前預告。
4. 結構化的課程讓其有所依循，降低焦慮感。

上課時，朱朱在打瞌睡，貓頭鷹老師說：「朱朱，你在和周公下棋嗎？上課專心一點。」洋洋舉手說：「老師，朱朱明明在睡覺，哪有在下棋？」全班哈哈大笑。

貓頭鷹老師在說明事件或發布指令時，應該注意些什麼？

前因 A	行為 B	後果 C
同學打瞌睡，老師在課堂隨口說一句諺語調侃對方。	洋洋打斷／誤解老師的話，自己隨口說出不合時宜的話。	引起全班哄堂大笑，延誤上課進度。

⊙ 我的錦囊妙計：以孩子聽得懂的話當關鍵字給予提醒，避免冗長的說理說教。

亞斯伯格症孩子常常無法理解語言背後的意義，例如：聽不懂弦外之音及反諷的話，或錯誤解讀說話者的意思，造成誤解或訕笑，故建議：

1. 避免使用否定性言詞溝通；如果要提醒亞斯伯格症孩子，應該使用正向且肯定的語句溝通。
2. 減少命令式的語句，因為命令語氣容易讓孩子產生誤解以為對方在生氣。
3. 以孩子聽得懂的話當關鍵字給予提醒，避免冗長的說理說教。

洋洋是班上的自然科小老師。

昨天放學前，蜥蜴老師才交代洋洋今天要收齊全班的自然習作，並且提前去借自然教室的鑰匙，因為今天要上實驗課。

但是今天上自然課時，洋洋忘了借鑰匙和收作業，蜥蜴老師氣急敗壞的向貓頭鷹老師抱怨。

貓頭鷹老師想：「洋洋看起來很聰明，但常對於老師交代的工作，忘東忘西，完成度不佳，我該怎麼辦？」

前因 A	行為 B	後果 C
前一天蜥蜴老師交代洋洋第二天要做的工作。	洋洋忘了借鑰匙和收作業。	蜥蜴老師氣急敗壞的向貓頭鷹老師抱怨。

⊙我的錦囊妙計：一次交代一件事，必要時請他寫下來，也可提供視覺提醒。

亞斯伯格症孩子不擅長同時執行兩件以上的事情或工作，常會因此顯得不知所措或畏懼逃避，故建議：

1. 將他要做的事情或工作程序給予具體簡單的步驟化提示，必要時，可提供視覺提醒。

2. 一次交代一件事情，避免鎖鏈式的命令。

3. 對於孩子不擅長的特定科目，學習內容可給予減量（如：易分心時）或簡化（如：遇艱澀內容時）的處理。

花豹老師正在講解地震出現的成因，洋洋在台下卻頻頻插嘴，同學請他安靜，洋洋卻不理會其他同學的提醒，甚至自顧自的碎念，干擾上課秩序。

這時老師該怎麼辦？

前因 A	行為 B	後果 C
老師正在上與地震相關的課程。	老師講課時，洋洋不時插嘴、碎碎念。	引起同學不滿、干擾上課秩序。

⊙ **我的錦囊妙計：**事前說清楚上課規定、配合增強制度，提供機會讓孩子展現其優勢。

亞斯伯格症孩子遇到有興趣的議題時，常會不顧旁人感受，滔滔不絕的說自己感興趣的話題，所以常被視為干擾上課秩序，甚至遭同儕唾棄，故建議：

1. 事前說清楚上課規定，例如：「發言前要舉手，老師點到才可以說」、「每堂課發言最多＿＿次」。
2. 配合增強制度實行，提升正向行為。

數學課下課前，貓頭鷹老師說：「數學考卷要訂正，訂正完後要給老師檢查，還要給小老師登記成績。」洋洋正埋頭訂正數學考卷。

放學前，全班都完成了，只有洋洋的考卷沒交回。

對於洋洋的分心，老師可以怎麼做？

前因 A	行為 B	後果 C
下課前，老師交代要訂正考卷及登記分數。	洋洋埋頭算數學，分心，沒聽到老師的指示。	洋洋訂正後的考卷沒給老師檢查，也沒交回登記成績。

⊙ **我的錦囊妙計**：發布指令時，可先叫喚孩子，提醒他注意聽，事後請他複誦一遍，確認他已聽到，安排特定幾個同學提醒他。

亞斯伯格症孩子常會過於專注在自己喜歡的事物上，而忽略身邊正發生的事，常造成作業忘記交，做事拖拖拉拉，甚至被誤解故意違抗，故建議：

1. 當老師在說明事情時，要適時確認亞斯伯格症孩子是否專心聽，可以叫喚他的名字、以肢體語言輕拍肩膀，或讓他複述一遍。

2. 訂定明確的上課規則。

上國語課時，老師正在解釋「臃腫」一詞。

洋洋對犀牛老師說：「老師，你這麼胖喔！要減肥了啦！會有高血壓喔！」全班哄堂大笑，老師一臉尷尬。

洋洋的直言常常讓人感到不舒服，甚至會激怒對方，這時老師可以怎麼做？

前因 A	行為 B	後果 C
上國語課時，老師解釋「臃腫」的意思。	洋洋說了一些與當時情境不適合的話。	全班哄堂大笑，老師一臉尷尬。

⊙ **我的錦囊妙計**：若內容無傷大雅，試著以忽略、幽默的心境看待，事後再找機會私下與孩子討論。

亞斯伯格症孩子對於解讀情境及同理他人感受的能力有困難，常因為快言快語、說話直白，造成對方的窘境，引起旁人的不悅，影響社交生活，故建議：

1. 若亞斯伯格症孩子說話的內容無傷大雅時，不妨一笑置之，試著忽略，再換個角度幽默看待。

2. 事後與亞斯伯格症孩子探討當時的情境，引導觀察對方的感受，教導合宜的方式與人互動。

班上的阿虎一直看不慣洋洋的言行舉止，老是喜歡找洋洋的麻煩。

上數學課時，阿虎和洋洋為了搶答，兩人爭論不休。阿虎說：「你很厲害嘛！說得頭頭是道，那就寫呀！」洋洋站在台上想很久，準備要作答時，阿虎又說：「你不是厲害嗎？」洋洋很著急，阿虎說：「不會就下來啦！」全班噓聲四起，洋洋不知所措，站在台上和阿虎爭辯，全班鬧哄哄。

前因 A	行為 B	後果 C
阿虎與洋洋搶答，洋洋答題想太久，全班不耐煩。	洋洋不知所措，站在台上和同學爭辯。	全班指責洋洋，噓聲四起，無法進行課程。

⊙ **我的錦囊妙計**：將容易與他引發衝突的同學支開、同理他的感受，事後開導。

亞斯伯格症孩子對於解讀情境的能力有困難，容易誤解或負面解讀他人的意思，問題解決的技巧不佳，當衝突產生時會不知所措，而出現不當的行為，故建議：

1. 事發當下，先將容易與亞斯伯格症孩子引發衝突的同學隔開，避免後果一發不可收拾。
2. 先了解事件的始末，同理他的情緒，用他能理解的方式與其溝通，並說明行為的後果，教導合宜的方式因應。

下課時，貓頭鷹老師正急著要回辦公室準備下節課要使用的講義，洋洋卻攔住老師，一直在説自己昨晚看的卡通內容，還頻頻問老師有沒有看過？老師已經一臉不耐煩的提醒洋洋：「老師有事要忙！」洋洋卻回答説：「喔！」仍然繼續説這個話題，旁邊的阿虎説：「你白目喔！老師有事要做，你還煩他。」洋洋很生氣的回嗆阿虎。

這時，老師可以怎麼做？

前因 A	行為 B	後果 C
老師有事要忙，洋洋急著要與人分享前一晚卡通的內容。	洋洋攔著老師一直在説自己感興趣的話題。	老師不耐煩：阿虎指責洋洋，兩人又準備吵架。

⊙ **我的錦囊妙計**：給孩子明確的指示提醒，告訴孩子另外約時間分享，或請他寫下來與大家分享。

亞斯伯格症孩子最容易被誤解為「我行我素」，遇到事情時不顧他人感受，常常逕自做自己要做的事；察言觀色能力不佳，因此容易被人排擠，造成人際關係不佳，故建議：

1. 發布指令時，內容以完整具體的句子表達。
2. 避免用命令的口氣説話。

上歷史課時，阿虎在課堂上與同學大聲說話、不時回嗆老師，讓課程無法繼續下去。洋洋拍桌子大叫說：「吵死了，我們要上課耶！你出去……」。阿虎很生氣，兩人當場大吵起來，阿虎故意說一些激怒洋洋的話，洋洋聽了作勢要打人。

這時，老師可以怎麼做？

前因 A	行為 B	後果 C
同學上課吵鬧，影響課程進度。	洋洋拍桌子生氣暴怒。	阿虎和洋洋當場吵起來，洋洋作勢要打人。

⦿ **我的錦囊妙計**：將容易引爆情緒的人事物隔離、提醒孩子冷靜、教導情緒管理的方法。

亞斯伯格症孩子對於自己能接受的規矩會要求所有人都一定要遵守，沒有彈性，問題解決的技巧不佳，當衝突產生時會不知所措而出現不當的行為，故建議：

1. 教導因應壓力或困難的作法，像是放鬆訓練，例如：深呼吸、數數字等。
2. 當孩子情緒不穩時，可以提醒他：「○○，放輕鬆，有話慢慢說。」

運動會要到了,大家都在練習啦啦隊的舞步,全班都希望在這次比賽中能獲得前三名,所有人都卯足力氣拼命練習,唯獨洋洋表現意興闌珊的樣子,常跟不上音樂節奏,跳起舞來的表情動作很僵硬,經過的同學看到都在笑。奇奇說:「老師,我不想和洋洋一組!他總是跟不上,而且老是踩到我的腳,大家都在笑我們!我要換人啦!」

前因 A	行為 B	後果 C
運動會要進行班級的啦啦隊比賽,大家忙著練習。	洋洋跳舞時顯得意興闌珊,常跟不上節奏,表情動作僵硬。	奇奇提出不想和洋洋同組的意願。

⊙**我的錦囊妙計**:向全班同學說明比賽得獎固然重要,但全班共同完成一件事更符合運動家的精神。鼓勵洋洋參與活動。在教啦啦隊舞步時,儘量結構化。

大部分的亞斯伯格症孩子在肢體的協調上表現較差,甚至有些孩子的感官功能表現較敏感,不習慣吵雜的聲音,或不與人有肢體上的接觸,狀況因人而異,故建議:

1. 可事前詢問家長,了解孩子在感官上的個別差異。
2. 針對孩子的個別差異,諮詢職能/物理治療師,提供因應策略協助適應。
3. 有些活動可鼓勵孩子參加,但在無提供合適的支援前,切勿勉強。

◎寫出事件經過：

前因 A	行為 B	後果 C

⊙我的錦囊妙計：

◎其他人給我的貼心建議：

此表提供給輔導／特教老師參考使用，針對個案發生的事件進行分析及建議合宜策略。

策略提供建議表

學生姓名：_____　　　班級：_____

目前就醫情況：_____　　醫療單位：_____

目前在學校生活上遭遇到的困難：

目前在學校學習上遭遇到的困難：

輔導／特教老師的策略建議：

註：相關策略可召集個案／家長／導師／任課老師／輔導老師等召開個案會議決議之。

輔導／特教老師可以給亞斯伯格症學生哪些支持？

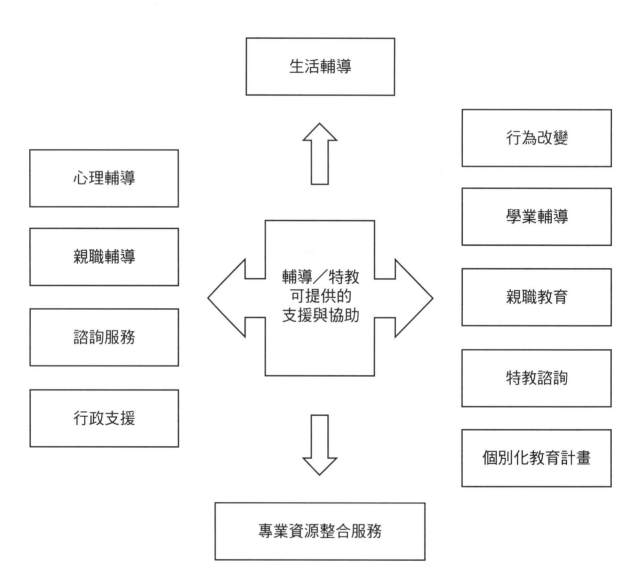

生活輔導

心理輔導

親職輔導

諮詢服務

行政支援

輔導／特教可提供的支援與協助

行為改變

學業輔導

親職教育

特教諮詢

個別化教育計畫

專業資源整合服務

除了輔導／特教教師及專業人員的協助外，亦可尋求相關資源。

一、書籍（與處理策略有關）

1. 楊宗仁（譯）（2004）。Leicestershire County Council 著。亞斯伯格症者實用教學策略：教師指南。台北：心理。
2. 楊宗仁、張雯婷、楊麗娟（譯）（2005）。Brenda Smith Myles 著。亞斯伯格症：教育人員及家長指南。台北：心理。
3. 劉佳蕙、鄭淨勻（譯）（2008）。Brenda Smith Myles 著。亞斯伯格症在融合教育的成功策略。台北：心理。
4. 何善欣（譯）（2008）。Tony Attwood 著。亞斯伯格症：寫給父母及專業人士的實用指南。台北：久周。
5. 劉瓊瑛（譯）（2009）。Tony Attwood 著。亞斯伯格症進階完整版：寫給家長、患者和專業人員的完全手冊。台北：久周。
6. 劉萌容（2009）。泛自閉症者的社交能力訓練。台北：書泉。
7. 蕭雲菁（譯）（2012）。主婦之友社（編）。理解發展障礙孩子的心。台北：遠流。
8. 廖婉如（譯）（2012）。Temple Grandin 著。我看世界的方法跟你不一樣：給自閉症家庭的實用指南。台北：心靈工坊。

二、書籍（與傳記故事有關）

1. 游珮芸（譯）（2008）。落合綠，宮本信也著。十人十色的小青蛙：理解需要特別對待的孩子們。台北：飛寶。
2. 許晉福（譯）（2007）。Paul Collins 著。非關對錯：一段關於愛與自閉症的無聲之旅。台北：久周。
3. 侯書宇、侯書寧（譯）（2007）。Kenneth Hall 著。星星小王子：來自亞斯伯格宇宙的小孩。台北：久周。
4. 朋萱（譯）（2008）。John Elder Robison 著。看我的眼睛。台北：遠流。
5. 丁凡（譯）（2008）。Stephen Shore 著。破牆而出：我與自閉症、亞斯伯格症共處的日子。台北：心靈工坊。
6. 嚴麗娟（譯）（2008）。Michael John Carley 著。與亞斯伯格症快樂共處：克服 AS 成年挑戰的心靈地圖+實用策略。台北：久周。
7. 郭寶蓮（譯）（2011）。Jodi Picoult 著。家規。台北：台灣商務。
8. 卓惠珠（2014）。當花媽遇到 AS 孩子。台北：小樹文化。

三、相關網站

1. 中華民國自閉症總會 http://www.autism.org.tw/
2. 財團法人中華民國自閉症基金會 http://www.fact.org.tw
3. 亞斯柏格與高功能自閉症之家 http://www.facebook.com/Asperger.HFA
4. 財團法人台北市自閉症家長協會 http://www.tpaa.org.tw/
5. 台中市自閉症教育協進會 http://www.taea.org.tw/
6. 高雄市自閉症協進會 http://www.ksautism.org.tw/style/front001/bexfront.php
7. 幫助高功能自閉症及亞斯伯格理解人際互動困難和情緒障礙
   http://helpasperger.blogspot.tw/

四、全國各大學特教諮詢專線

1. 國立台灣師範大學特教中心　　　諮詢專線：(02)7734-5099
2. 國立台北教育大學特教中心　　　諮詢專線：(02)2736-6755
3. 台北市立大學特教中心　　　　　諮詢專線：(02)2389-6215
4. 國立新竹教育大學特教中心　　　諮詢專線：(03)525-7055
5. 國立台中教育大學特教中心　　　諮詢專線：(04)2218-3392
6. 國立彰化師範大學特教中心　　　諮詢專線：(04)725-5802
7. 國立嘉義大學特教中心　　　　　諮詢專線：(05)226-3645
8. 國立台南大學院特教中心　　　　諮詢專線：(06)220-6191
9. 國立高雄師範大學特教中心　　　諮詢專線：(07)713-2391
10. 國立屏東大學特教中心　　　　　諮詢專線：(08)722-4345
11. 國立台東大學特教中心　　　　　諮詢專線：(089)517-756
12. 國立東華大學特教中心　　　　　諮詢專線：(03)863-5999
13. 中原大學特教中心　　　　　　　諮詢專線：(03)265-6781

輔導／特教老師提供協助後的發展

當輔導／特教老師提供支持與協助後，可進行持續追蹤，以便於日後的輔導與調整。

後續追蹤

學生姓名：＿＿＿＿＿＿＿＿＿	班級：＿＿＿＿＿＿＿＿＿
目前就醫情況：＿＿＿＿＿＿	醫療單位：＿＿＿＿＿＿＿
服務時間（起訖）：＿＿＿＿＿＿＿＿＿＿＿＿＿＿＿＿＿	

接受服務內容（只需調整或輔導項目）：

目前適應狀況：

家長篇

洋洋就像法國著名小說裡的小王子般

那樣真誠與執著

如果大家能多了解與包容他

那就太好了

爸爸／媽媽可告訴老師的資訊？

　　父母是孩子生命中的重要他人。若父母能以正面態度來面對孩子的困難，將可避免許多誤解或問題的出現；過去有許多亞斯伯格症孩子的父母，為了怕被貼上標籤，而隱瞞事實，或請學校師長不要告知其他人自己孩子的狀況。然而，不說不代表孩子的障礙與問題會消失，大家相處久了，總會發現某人怪怪的，誤解就會開始一個個出現；表面上雖然隱藏了孩子的障礙狀況，但孩子在團體活動中卻容易被忽視，甚至是孤立。當需要時卻無人可適時給予協助，結果反而讓我們的孩子更顯得無助與適應困難。

　　家長若能主動告知老師自己孩子的特質與特殊需求，老師就能及早規劃與調整，為孩子營造一個友善、適性的學習環境。要如何讓老師認識我們的孩子，掌握孩子的特殊需求，建議家長可於孩子即將進入新環境學習前（開學前），先以書信方式與孩子的導師進行聯繫，事前告知老師，孩子的特殊氣質、需要協助或注意事項，如此對於日後孩子的適應將更有助益。

親師合作很重要！

當孩子需要學校協助時，我可以……	→	原班導師
		輔導／特教老師
		學校行政單位／輔導室

我從這些對象中可得到什麼支援？

編號	對象	我想了解的是……	備註
1	學校行政單位／輔導室	☐ 協助申請轉介／鑑定事宜 ☐ 特教生相關措施的申請（如：無障礙評量、夥伴學生……） ☐ 有關教育、福利、醫療等機構或措施之相關資訊	
2	輔導老師	☐ 個別認輔 ☐ 心理支持輔導，如：小團體課程 ☐ 協助班級輔導，如：特教宣導 ☐ 提供特殊需求學生家庭有關教育、福利、醫療等機構或措施之相關資訊 ☐ 生涯輔導建議	
3	特教老師	☐ 協助鑑定安置 ☐ 提供諮詢服務 ☐ 必要時協助學習輔導或無障礙評量 ☐ 提供行為輔導策略 ☐ 提供各大學特教中心諮詢專線及其他相關機構之服務電話 ☐ 親職教育	

在我提出協助時，我可以先這麼做……

親師合作規劃表

我的孩子：＿＿＿＿＿＿＿＿＿＿＿（姓名）

目前就讀：＿＿＿＿＿＿＿＿＿＿＿（學校名稱）

年級／班級：＿＿＿＿＿＿＿＿＿＿＿

目前導師：＿＿＿＿＿＿＿＿＿＿＿（姓名）

導師任教科目：＿＿＿＿＿＿＿＿＿　　導師任教年資：＿＿＿＿＿＿＿＿＿＿

導師是否具備有特殊教育的知能／背景？

＿＿＿＿＿＿＿＿＿＿＿＿＿＿＿＿＿＿＿＿＿＿＿＿＿＿＿＿＿＿＿＿＿＿＿

學校是否有輔導室編制？＿＿＿＿＿＿＿＿＿＿＿

學校是否有專任輔導老師編制？＿＿＿＿＿＿＿＿＿＿＿

學校是否有特教老師編制？＿＿＿＿＿＿＿＿＿＿＿

當我遭遇到困惑時，學校負責服務與諮詢的單位：＿＿＿＿＿＿＿＿＿

　　　　　負責的老師：＿＿＿＿＿＿＿＿＿＿＿

　　　　　聯繫電話：＿＿＿＿＿＿＿＿＿＿＿

我需要＿＿＿＿＿＿＿＿＿＿＿協助的事情：

貼心小叮嚀

💛 對孩子說話的口氣及態度，要溫和而堅定

💛 孩子每個行為的背後，一定有其原因

💛 提供一個結構且能預期的環境

💛 當孩子學會新技能後，要營造類似情境，供反覆練習

💛 協助孩子建立一個概念→保持彈性是一件好事

💛 每次一個事件的發生，代表孩子又將學到一項新技能

💛 隨時記得給予讚美及鼓勵

💛 確保孩子在情緒穩定的狀態下，再教導新技能

💛 必要時給自己一個喘息的時間，善待自己

💛 多方尋求協助，善用身邊的各項資源及支持

💛 隨時與老師維持暢通的溝通管道

家長給老師的支持與回饋很重要！

當學校老師提供建議與策略後，欲了解親師執行策略的後續發展與需求，建議家長可透過以下回饋表與老師進行溝通。

家長支持與回饋表

＿＿＿＿＿＿＿老師曾提供的建議與策略：
實行後的結果：
建議：

個案篇

我一點也不奇怪
我只是從不同的角度看世界
有時真希望你們能了解、認同我
很多時候我真的不是故意的

大家好！我是洋洋，我……

在校園中常會發現，許多患輕度障礙／亞斯伯格症的學生在自我概念與認同上，容易表現得較負面。其主要原因是，長期以來這些孩子的社交技巧明顯不如同儕，人際關係不佳，與人互動時常受挫，再者，越年長的孩子自我概念與認同也比較容易受他人的言行影響。

亞斯伯格症孩子具備基本的溝通與社會能力，但表現的品質常常不如其外貌，因此他們對周遭同儕間不經意流露出排擠與輕視的態度，感受特別深刻，由此可見他們在社會互動中也承受相當大的壓力，自然容易形成負面的自我概念。

因此，教導亞斯伯格症孩子從「認識自己」到如何「介紹自己」給他人認識，其內容可涵蓋自己的優弱勢能力，預告自己不擅長的事物，藉此得到大家的認同與支援。這項工作很重要，唯有以正面的評價看待自己，才能促成自我悅納，獲得較好的適應。

很多時候，我們會因為過於在乎別人對自己的評價，而混淆自我，我們可以透過以下方式來認識自己，找到自己的優勢能力，以及發覺讓自己變更好的地方。

關於我的十件事

1. 我是：＿＿＿＿＿＿＿＿＿　我的星座：＿＿＿＿＿＿＿＿＿

2. 我的綽號：＿＿＿＿＿＿＿＿＿＿＿＿＿

　　理由：＿＿＿＿＿＿＿＿＿＿＿＿＿＿＿＿＿＿

3. 我最喜歡的休閒活動（如：音樂、電影、書籍……）

　　＿＿＿＿＿＿＿＿＿＿＿＿＿＿＿＿＿＿＿＿＿＿＿＿

　　原因：＿＿＿＿＿＿＿＿＿＿＿＿＿＿＿＿＿＿

4. 我最喜歡的科目：＿＿＿＿＿＿＿＿＿＿＿

　　理由：＿＿＿＿＿＿＿＿＿＿＿＿＿＿＿＿＿＿

5. 我最欣賞自己個性上的哪一點：＿＿＿＿＿＿＿＿＿

6. 我最不滿意自己個性上的哪一點：＿＿＿＿＿＿＿＿＿

　　理由：＿＿＿＿＿＿＿＿＿＿＿＿＿＿＿＿＿＿

7. 我最喜歡和＿＿＿＿＿＿類型的人交朋友，就像班上

　　＿＿＿＿＿＿一樣，因為他：＿＿＿＿＿＿＿＿＿

8. 我曾做過最滿意的一件事情：＿＿＿＿＿＿＿＿＿

9. 讓我最沮喪的一件事情：＿＿＿＿＿＿＿＿＿＿＿

10. 我最大的夢想：＿＿＿＿＿＿＿＿＿＿＿＿＿＿＿

個人專屬的特質溫度計

我們每個人生來就不盡相同，就連雙胞胎也都存在不一樣的個性；像櫻桃小丸子天性樂觀，小玉看來文靜乖巧，而丸尾則是積極又具正義感，這些都是我們所謂的「特質」。

我們是否曾靜下心來，仔細想想自己究竟是什麼樣的人呢？是樂觀、是內向，抑或是極富正義感？

請列出十個自己所知道的特質（如：體貼、聰明、粗心、積極、自私、誠實……）

在上述的特質中，有哪些是自己專屬擁有的呢？（請選出最具代表性的三個）

這些特質在自己的個性上展現的程度是趨向多還是少？讓我們來檢視一下自己的特質會落在線段的什麼位置呢？（以1～10表示其程度）

```
                          少              多
                    1 2 3 4 5 6 7 8 9 10
例如：小玉的特質是「文靜」   ⟵————————●——⟶
  我的特質是「      」       ⟵——————————⟶
  我的特質是「      」       ⟵——————————⟶
  我的特質是「      」       ⟵——————————⟶
```

我是洋洋，我的煩惱是……

　　亞斯伯格症孩子易將焦點放在自己的思維中，並用自己的思維看待所有的人事物，因為執著、缺乏彈性，所以在與人互動時，常常容易發生誤解或衝突。以下表格可讓亞斯伯格症孩子覺察除了自己以外的他人是如何看待「我」，進而能反思自己；另外，可以一篇「我」的短文創作，讓亞斯伯格症學生向大家進行自我介紹，介紹自己的特質、興趣、優缺點，將自己容易讓他人誤會的地方，透過這篇短文創作如實呈現，讓大家能認識自己，共同找到相處之道。

利用訪問家人、親友、師長方式，以一個詞彙（如：形容詞）或一段話，寫下「大家眼中的我」：

爸媽眼中的我：	兄弟姊妹眼中的我：	家中長輩眼中的我：
陌生人眼中的我：	**自己眼中的我**	師長眼中的我：
社區玩伴眼中的我：	鄰居大人眼中的我：	同學眼中的我：

老師想對我說的一段話：

短文創作「我」

第一段：自我介紹，內容可以從我是誰？名字？年紀？
　　　　形容自己的長相外表開始。

第二段：介紹自己的喜好或興趣。喜歡／不喜歡的事
　　　　物；哪些事情我可以做得很好，哪一些事情
　　　　我做起來很開心，為什麼？

第三段：說明自己的特質（如：有時我說話會比較直
　　　　接，請大家多多包涵；有時我會太專注在想
　　　　一件事情，以至於有些訊息會漏掉，請和顏
　　　　悅色的提醒我……）。

第四段：結尾（對自己在新團體中的期待）。

我

老師想對我說的一句話：

○○老師：我需要您的幫忙！

我的求助步驟

1. 遇到問題，先深呼吸，保持冷靜。

2. 清楚說出或寫下自己的問題。

3. 依照問題性質，尋找適合的對象協助（如：導師／任課老師→上課中發生的事；輔導／特教老師→心情不佳、有苦難言的事……等）。

4. 請求幫助時，注意說話的口氣及禮貌（如：「○○老師，我有一件事需要您的幫忙，您可以幫我嗎？謝謝老師！」）。

○○老師：

我有一件事，需要您的幫忙，您可以幫我嗎？

我想要求助的問題是：

導師／任課老師或輔導／特教老師給我的建議是：

聽完建議後，我決定採用的方法是：

○○同學：我可以請你幫忙嗎？

我的求助步驟

1. 遇到問題，先深呼吸，保持冷靜。

2. 清楚說出或寫下自己的問題。

3. 依照問題性質，尋找適合的對象協助（如：班長→老師交代的注意事項、學藝股長→收作業、總務股長→繳費……等）。

4. 請求幫助時，注意說話的口氣及禮貌（如：「○○同學，我可以請你幫忙嗎？謝謝你！」）。

○○同學，你好：

最近我有一個困擾，是關於（清楚說明求助的事情／問題）：＿＿＿＿＿＿＿＿＿＿＿＿＿＿＿＿＿＿＿＿＿＿＿＿＿＿＿＿＿＿＿＿＿＿

我不知道該怎麼辦，我可以請你幫忙嗎？

○○○　敬上
＿＿月＿＿日

○○給我的建議是：

聽完建議後，我決定採用的方法是：

媽媽／爸爸：我需要您的幫忙！

我的求助步驟

1. 遇到問題，先深呼吸，保持冷靜。
2. 清楚說出或寫下自己的問題。
3. 所有不知如何解決的問題，都可以和爸爸媽媽說。
4. 請求幫助時，注意說話的口氣及禮貌（如：「爸爸／媽媽，我有一件事，需要您的幫忙，您可以幫我嗎？謝謝您！」）。

> 爸爸／媽媽，請聽我說！最近有一件事情讓我感到很煩惱，這件事是：_____
> _____
> _____
>
> 請你們幫幫我！

> 爸爸／媽媽給我的建議是：

> 聽完建議後，我決定採用的方法是：

同儕篇

當我認識「亞斯伯格症」後
才驚覺過去真是誤會大了
真摯與忠誠是他們的本性
能與這樣的人當朋友
其實也不賴

班上有一個亞斯伯格症學生，
我可以這樣向其他學生介紹……

　　關於「亞斯伯格症」入班宣導的時機，以新生訓練時安排較合宜，因為大家都是新鮮人，對於班級上的特殊學生並不容易存有先入為主的想法，此刻正是入班宣導的好時機。

　　對亞斯伯格症孩子的同儕進行特教宣導是個重要的課題，因為大家在朝夕相處的過程中，難免容易出現誤解與嫌隙，若老師能協助班級同儕認識亞斯伯格症，在日後大家共同學習與相處上，將有所助益，並可提升老師的班級經營成效。

　　一般來說，安排入班宣導時，導師無須單槍匹馬去面對，可偕同校內輔導老師或特教老師共同討論如何進行宣導及執行宣導工作。有時也可以利用學校的晨光時間、輔導活動或特定的集會活動時進行特教宣導。宣導活動內容可以演講、影片欣賞、好書閱讀……等方式進行，以下資料供參考。

亞斯伯格症患者名人錄

牛頓

愛因斯坦

微軟的創辦人比爾蓋茲

英國素人歌手蘇珊大嬸

電影明星湯姆漢克斯

台北市長柯文哲

漫畫家朱德庸

……

推薦的影片

星星的世界

星星的孩子

心靈鑰匙

我的名字叫可汗

……

電影《我的名字叫可汗》學習單

「這世界上只有兩種人，做好事的好人，和做壞事的壞人。」

影片內容回顧

1. 影片中的主角可汗從小患有什麼疾病？＿＿＿＿＿＿＿＿

2. 可汗信仰哪一個宗教？＿＿＿＿＿＿＿＿＿＿＿＿＿＿

3. 可汗具備哪些方面的專長？＿＿＿＿＿＿＿＿＿＿＿

4. 可汗最討厭的是什麼？顏色：＿＿＿＿＿；動作：＿＿＿＿

5. 當可汗緊張不安時，他最常出現的行為是什麼？

　＿＿＿＿＿＿＿＿＿＿＿＿＿＿＿＿＿＿＿＿＿＿＿＿＿

想一想

1. 可汗做了什麼事情，引起曼蒂拉對他的注意？

　＿＿＿＿＿＿＿＿＿＿＿＿＿＿＿＿＿＿＿＿＿＿＿＿＿

2. 為什麼可汗要去找美國總統？＿＿＿＿＿＿＿＿＿＿＿

3. 如果你是可汗，在遇到這麼多困難與挫折之後，你

　依然會堅持要見到美國總統嗎？＿＿＿＿＿＿＿＿＿＿＿

　為什麼？＿＿＿＿＿＿＿＿＿＿＿＿＿＿＿＿＿＿＿＿＿

4. 你覺得可汗是一個什麼樣的人？＿＿＿＿＿＿＿＿＿＿

　＿＿＿＿＿＿＿＿＿＿＿＿＿＿＿＿＿＿＿＿＿＿＿＿＿

5. 如果你的班上有一位像可汗這樣的同學，你可以怎

　麼做？

　＿＿＿＿＿＿＿＿＿＿＿＿＿＿＿＿＿＿＿＿＿＿＿＿＿

6. 從《我的名字叫可汗》中，你學到了什麼？有什麼感

　想？

　＿＿＿＿＿＿＿＿＿＿＿＿＿＿＿＿＿＿＿＿＿＿＿＿＿

原來如此，其實他不是故意的

同學們，在聽完老師對亞斯伯格症的介紹後，對故事中的洋洋是否有不一樣的想法了？

在故事中我看到了洋洋有哪些行為符合亞斯伯格症的特質？

聽完亞斯伯格症的介紹後，請針對故事中洋洋發生過的其中一個事件，寫出自己的感想。
簡述事件：

我的感想：

在我們的身邊是否也有出現類似亞斯伯格症特質的同學？
他曾發生過哪些事件：

當時我的想法是：

在我認識亞斯伯格症後，現在我的感想是：

利用以下的小故事，嘗試從另一個角度看待亞斯伯格症同學的世界。

狀況劇一

小柚常常被同學嘲笑「娘娘腔」、「Gay」。

但他不以為意，甚至很高興，不時模仿女生妖媚的樣子。

老師問：「小柚，你的上衣是怎麼回事？」

（小柚在上衣胸前塞了兩個空的布丁塑膠杯）

小柚噗哧的笑出來，邊笑邊做出捧胸的動作。

全班哄堂大笑……

小柚也跟著哈哈大笑，依然繼續做出露乳抱胸的動作。

我看到的是：＿＿＿＿＿＿＿＿＿＿＿

＿＿＿＿＿＿＿＿＿＿＿＿＿＿＿

＿＿＿＿＿＿＿，這樣好奇怪！

原來事情的真相是：

小柚認為自己沒有朋友，平常大家很少與他玩，每當小柚扮作女生的模樣時，大家都會哈哈大笑，甚至請他多模仿一些嫵媚的動作。小柚以為這樣做可以讓大家更喜歡他。

其實我可以這樣做：＿＿＿＿＿＿

＿＿＿＿＿＿＿＿＿＿＿＿＿

一切會變得更好！

狀況劇二

橘子常常心不在焉、忘東忘西。

掃地時間到了，大家忙著打掃，橘子還坐在自己座位上低頭看書。

十分鐘後……

石田氣急敗壞的到教室對橘子說：「搞什麼呀？早上不打掃，現在也不打掃，是怎樣呀？」

橘子只抬頭看了石田一眼，又看一下自己的手錶，繼續低頭看著自己的書。

噹噹噹……上課鐘響啦！

數學老師發下考卷，橘子低頭振筆直書。

我看到的是：_____

_____

_____，這樣好奇怪！

原來事情的真相是：

橘子早上沒趕上公車，到學校時已經遲到；今天要考數學，但因為橘子昨天太晚回家，沒時間複習功課，擔心考不好，所以利用掃地時間趕緊K書。她心想：今天打掃工作先讓石田做，明天再補做就好了，況且現在外面正下著毛毛雨……

其實我可以這樣做：_____

_____

一切會變得更好！

狀況劇三

今天小宇和全班同學一起去科教館進行校外教學，到了 3D 劇場，大家守規矩的排隊等待入場。

大雄內急想上廁所，請旁邊的同學幫忙拿背包，之後大雄回來了，直接跨越護欄回到排隊的隊伍中。

小宇看到大喊：「老師，有人插隊！」大雄說：「我剛才去上廁所！」小宇還是大聲說：「離開隊伍，就應該排在後面呀！這樣才公平！」大雄很生氣的瞪著小宇。

我看到的是：＿＿＿＿＿＿＿＿＿＿＿＿＿＿＿＿＿＿

＿＿＿＿＿＿＿＿＿＿＿＿＿＿＿＿＿＿＿＿＿＿＿

＿＿＿＿＿＿＿＿＿＿，這樣好奇怪！

原來事情的真相是：

小宇很期待可以早一點進場看電影，他認為排隊是大家都應該遵守的規定，中途離開就要排在後面，對正在排隊的人才公平。

小宇自己也想離開去買水喝，但為了可以早一點進場，他只好先忍住。

其實我可以這樣做：＿＿＿＿＿＿

＿＿＿＿＿＿＿＿＿＿＿＿＿

一切會變得更好！

狀況劇四

聖誕節快到了，老師請大家準備一個屬於自己的聖誕襪或袋子，並要同學自己將襪子或袋子掛在教室後面的布告欄上。

老師說：「大家可以準備糖果或卡片放在其他人的袋子中，給袋子的主人一個驚喜；這個活動將持續到跨年當天。」

第二天，當老師將糖果放到全班同學的袋子後，小豪卻從小紅的袋子中拿走糖果，小紅大聲制止：「這是我的！」小豪便走到老師面前說：「我也要。」老師問：「你的袋子咧！」

小豪說：「沒有，我要吃糖，我要吃……」

我看到的是：＿＿＿＿＿＿＿＿＿＿＿

＿＿＿＿＿＿＿＿＿＿＿＿＿＿＿

＿＿＿＿＿＿＿＿＿，這樣好奇怪！

原來事情的真相是：

小豪前一天沒有聽到老師宣布的事情，他不明白為什麼要將糖果放在襪子裡，直接給對方不是很好嗎？為何要多此一舉？小豪一時之間也不知道去哪裡找襪子或袋子，他真的也很想吃糖果。

其實我可以這樣做：＿＿＿＿＿＿

＿＿＿＿＿＿＿＿＿＿＿＿＿＿＿＿

一切會變得更好！

狀況劇五

我看到的是：＿＿＿＿＿＿＿＿＿＿

＿＿＿＿＿＿＿＿＿＿＿＿＿

＿＿＿＿＿＿＿＿，這樣好奇怪！

原來事情的真相是：

＿＿＿＿＿＿＿＿＿＿＿＿＿＿＿＿＿＿＿＿＿＿＿＿＿＿＿＿＿＿＿＿＿＿

＿＿＿＿＿＿＿＿＿＿＿＿＿＿＿＿＿＿＿＿＿＿＿＿＿＿＿＿＿＿＿＿＿＿

＿＿＿＿＿＿＿＿＿＿＿＿＿＿＿＿＿＿＿＿＿＿＿＿＿＿＿＿＿＿＿＿＿＿

＿＿＿＿＿＿＿＿＿＿＿＿＿＿＿＿＿＿＿＿＿＿＿＿＿＿＿＿＿＿＿＿＿＿

＿＿＿＿＿＿＿＿＿＿＿＿＿＿＿＿＿＿＿＿＿＿＿＿＿＿＿＿＿＿＿＿＿＿

其實我可以這樣做：＿＿＿＿＿＿

＿＿＿＿＿＿＿＿＿＿＿＿＿＿＿＿

一切會變得更好！

原來如此，我可以這樣幫助他

現在我知道患有亞斯伯格症的同學，在生活及學習上會遭遇哪些困難？

（說明身邊的亞斯伯格症同學遇到哪些困難）

我可以這樣幫助亞斯伯格症同學：

（具體明確的說明，自己可以如何幫助他們）

我想對亞斯伯格症同學說……

老師可安排班上具備以下特質的學生擔任亞斯伯格症孩子的助人小天使。

1. 對他人能主動表達關懷
2. 想法正向樂觀
3. 具有自我覺察的能力
4. 凡事以幽默感看待
5. 具備敏銳的觀察力
6. 真誠的態度
7. 溝通能力

有時同儕在協助提醒亞斯伯格症孩子時，難免也會遇到挫折，這時老師可先教導一些助人的小技巧，隨時給予這些助人小天使一些關懷與鼓勵喔！

愛的小提醒

○○：

謝謝你願意在＿＿＿＿＿＿＿＿同學最需要的時候，及時提醒及幫助他，因為你的熱心，讓＿＿＿＿＿＿＿＿同學順利度過難關與困境，在這助人的過程中，當你面對他們時，老師想提醒的話是：

1. 隨時保持和顏悅色
2. 有話慢慢說
3. 說話說重點
4. 真的不知道該怎麼辦時，一定要找老師協助喔！

感謝你，因為有你，讓世界變得更好

○○老師

筆記欄

筆記欄

筆記欄

筆記欄

筆記欄

筆記欄

融合之愛系列 67008

奇怪？奇怪？不奇怪：學習手冊

作　　者：孟瑛如、廖俐琦

執行編輯：高碧嶸

總 編 輯：林敬堯

發 行 人：洪有義

出 版 者：心理出版社股份有限公司

地　　址：231 新北市新店區光明街 288 號 7 樓

電　　話：(02) 29150566

傳　　真：(02) 29152928

郵撥帳號：19293172　心理出版社股份有限公司

網　　址：http://www.psy.com.tw

電子信箱：psychoco@ms15.hinet.net

駐美代表：Lisa Wu（lisawu99@optonline.net）

排 版 者：龍虎電腦排版股份有限公司

印 刷 者：辰皓國際出版製作有限公司

初版一刷：2016 年 3 月

初版二刷：2019 年 1 月

全套含繪本及學習手冊，定價：新台幣 300 元

學習手冊可單獨添購，定價：新台幣 100 元

「老師，洋洋又盯著人看了……」

「老師，洋洋又在自言自語的碎碎念了……」

「老師，洋洋……好奇怪喔！」

洋洋是一個什麼樣的孩子？為什麼大家會這樣描述他呢？
讓我們來看看洋洋自己是怎麼想的？他是否真如大家所認
為的有那麼奇怪？還是另有隱情……

心理出版社網站
http://www.psy.com.tw

ISBN 978-986-191-712-2

00300

9 789861 917122

（全套含繪本及學習手冊）